Créer une entreprise d'élevage de chiens Livre pour les débutants

Guide de l'éleveur pour obtenir de l'argent gratuit, des articles de commerce pour chiens, des chiens d'assistance et des chiots à naître

Par Brian Mahoney

**Copyright © 20124 Brian Mahoney
Tous droits réservés.**

Clause de non-responsabilité

Ce livre a été écrit pour servir de guide à la création d'entreprise. Comme toute autre action à haut rendement, la création d'une entreprise comporte un certain degré de risque. Ce livre n'est pas destiné à remplacer les conseils d'un comptable, d'un juriste, d'un financier ou d'un autre professionnel. Si vous avez besoin de conseils dans l'un de ces domaines, nous vous conseillons de faire appel aux services d'un professionnel.

Bien que l'auteur se soit efforcé de rendre les informations contenues dans cet ouvrage aussi précises que possible, aucune garantie n'est donnée quant à l'exactitude ou à l'actualité d'un élément particulier. Les lois et les procédures relatives aux entreprises sont en constante évolution.

Par conséquent, Brian Mahoney, l'auteur de ce livre, ne pourra en aucun cas être tenu responsable de tout dommage spécial, indirect ou consécutif ou de tout autre dommage lié à l'utilisation des informations fournies dans le présent document.

Tous droits réservés

Aucune partie de ce livre ne peut être utilisée ou reproduite de quelque manière que ce soit sans l'autorisation écrite de l'auteur.

Table des matières

CChapitre 1 L'élevage des chiens : vue d'ensemble

Chapitre 2 La reproduction et la mise bas chez le chien

Chapitre 3 Guide pour l'élevage des chiens d'assistance

Chapitre 4 Fournitures et équipements pour l'élevage des chiens

Chapitre 5 Se lancer dans les affaires pas à pas

Chapitre 6 Meilleure façon de rédiger un plan d'affaires

Chapitre 7 Assurance des entreprises

Chapitre 8 La mine d'or des subventions publiques

Chapitre 9 Des sommes colossales grâce au crowdfunding

Chapitre 10 Marketing Comment atteindre gratuitement un milliard de personnes !

Chapitre 11 ÉLEVAGE DES CHIENS GUIDE DE RESSOURCES WEB

Chapitre 1
L'élevage de chiens
Vue d'ensemble

Vue d'ensemble de l'élevage canin

ÉLEVAGE DE CHIENS

Association américaine des éleveurs de chiens

L'American Dog Breeders Association, Inc. a été créée en septembre 1909 en tant qu'association multiraciale. Le président démissionnaire, M. Guy McCord, était un passionné et un éleveur de l'American Pit Bull Terrier, et un ami proche de M. John P. Colby. M. Colby était le pilier de l'A.D.B.A. qui se targuait d'être le bureau d'enregistrement "à domicile" des chiens Colby. Tous les membres en règle pouvaient enregistrer leurs chiens et leurs portées auprès du service d'enregistrement moyennant le paiement d'une cotisation annuelle de 2,50 dollars. Il semble que l'idée de l'exclusivité des membres ait été progressivement remplacée par un registre ouvert à tous les propriétaires et éleveurs de chiens de race. Au fil du temps, l'association s'est concentrée sur l'enregistrement de l'American Pit Bull Terrier.

Vue d'ensemble de l'élevage canin

L'A.D.B.A. passe des mains de M. McCord à celles de M. Frank Ferris en 1951. Ce dernier, avec son épouse Florence Colby (l'épouse de feu John P. Colby), a continué à gérer l'A.D.B.A. à une échelle limitée, mais en mettant de plus en plus l'accent sur l'enregistrement de la race A.P.B.T. exclusivement.

En 1973, sur recommandation de Howard Heinzl, Ralph Greenwood et sa famille ont racheté l'A.D.B.A. à M. Ferris, dont l'âge avancé l'a poussé à prendre sa retraite. (M. Heinzl était un ami personnel de Frank Ferris et un fervent défenseur de l'A.D.B.A., puisqu'il enregistrait ses chiens exclusivement auprès de l'A.D.B.A.) Nous souhaitons souvent que Frank ait pu vivre pour assister à la croissance de l'association actuelle. Il en aurait été ravi.

L'association continue de se développer aux États-Unis et dans d'autres pays d'outre-mer. L'American Dog Breeders Association Inc. est le plus grand bureau d'enregistrement de l'American Pit Bull Terrier et accepte désormais d'autres chiens de race pure, généralement des races de travail.

À partir du 27 octobre 2006, le registre ouvre son livre généalogique à d'autres chiens de race pure.

Vue d'ensemble de l'élevage canin

Qu'est-ce que l'élevage de chiens ?

L'élevage de chiens est la pratique consistant à accoupler des chiens sélectionnés dans le but de maintenir ou de produire des qualités et des caractéristiques spécifiques. Lorsque les chiens se reproduisent sans intervention humaine, les caractéristiques de leur progéniture sont déterminées par la sélection naturelle, tandis que l'expression "élevage de chiens" fait spécifiquement référence à la sélection artificielle des chiens, dans laquelle les chiens sont intentionnellement élevés par leurs propriétaires. Une personne qui accouple intentionnellement des chiens pour produire des chiots est appelée un éleveur de chiens. L'élevage repose sur la science de la génétique, de sorte que l'éleveur qui connaît la génétique canine, la santé et l'utilisation prévue des chiens s'efforce d'élever des chiens appropriés.

Vue d'ensemble de l'élevage canin

L'histoire

Trois générations de "Westies" dans un village de Fife, en Écosse

Depuis la préhistoire, les humains ont maintenu des populations d'animaux utiles autour de leurs lieux d'habitation. Ils ont intentionnellement nourri les chiens considérés comme utiles, tout en négligeant ou en tuant les autres, établissant ainsi une relation entre les humains et certains types de chiens pendant des milliers d'années. Au cours de ces millénaires, les chiens domestiques se sont développés en types ou groupes distincts, tels que les chiens de garde du bétail, les chiens de chasse et les lévriers. La sélection artificielle dans l'élevage des chiens a influencé le comportement, la forme et la taille des chiens au cours des 14 000 dernières années.

L'évolution des chiens à partir des loups est un exemple de sélection par néoténie ou pédomorphisme, qui se traduit par la conservation de caractéristiques physiques juvéniles. Par rapport aux loups, de nombreuses races de chiens adultes conservent des caractéristiques juvéniles telles qu'une fourrure douce et duveteuse, un torse rond, une tête et des yeux de grande taille, des oreilles qui pendent au lieu de se dresser, etc. Ces caractéristiques sont partagées par la plupart des mammifères juvéniles et suscitent donc généralement un certain degré de comportement protecteur et nourricier de la part de la plupart des mammifères adultes, y compris les humains, qui qualifient ces caractéristiques de "mignonnes" ou d'"attrayantes".

Vue d'ensemble de l'élevage canin

On a vu que ces traits peuvent même inciter une louve adulte à se montrer plus défensive à l'égard des chiots de chien qu'à l'égard des chiots de loup. L'exemple de la néoténie canine va encore plus loin, puisque les différentes races de chiens sont néoténisées différemment selon le type de comportement qui a été sélectionné.

Pour maintenir ces distinctions, les humains ont intentionnellement accouplé des chiens présentant certaines caractéristiques afin d'encourager ces caractéristiques dans la progéniture. C'est ainsi que des centaines de races de chiens ont été créées. À l'origine, la possession de chiens de travail et, plus tard, de chiens de race était un privilège réservé aux riches. Aujourd'hui, de nombreuses personnes peuvent se permettre d'acheter un chien. Certains éleveurs choisissent d'élever des chiens de race pure, tandis que d'autres préfèrent confier la naissance d'une portée de chiots à un registre canin, tel qu'un kennel club, afin de l'enregistrer dans des livres d'élevage tels que ceux tenus par l'AKC (American Kennel Club).

Ces registres conservent les données relatives à la lignée des chiens et sont généralement affiliés à des clubs canins. Il est important de conserver des données correctes pour l'élevage de chiens de race. L'accès aux registres permet à l'éleveur d'analyser les pedigrees et d'anticiper les caractéristiques et les comportements.

Vue d'ensemble de l'élevage canin

Les exigences relatives à l'élevage de races pures enregistrées varient selon les races, les pays, les clubs canins et les registres. Il a été conclu que "les découvertes impliquent que lorsque l'homme a procédé à un élevage sélectif, il a écrasé le museau de certaines races de chiens, il a aussi transformé leur cerveau" (Scientific American, 2010). Les éleveurs doivent respecter les règles de l'organisation concernée pour participer à ses programmes de maintien et de développement de la race. Les règles peuvent s'appliquer à la santé des chiens (radiographies des articulations, certifications des hanches et examens oculaires), aux qualités de travail (réussite à un test spécial ou à un concours) et à la conformation générale (évaluation d'un chien par un expert de la race). Toutefois, de nombreux registres, en particulier ceux d'Amérique du Nord, ne sont pas des agences de police qui excluent les chiens de mauvaise qualité ou en mauvaise santé. Leur fonction principale est simplement d'enregistrer les chiots nés de parents eux-mêmes enregistrés.

Vue d'ensemble de l'élevage canin

Critique

Certains chiens présentent des caractéristiques héréditaires qui peuvent évoluer vers un handicap ou une maladie. La dysplasie de la hanche est l'une de ces maladies. Il a été prouvé que certaines anomalies oculaires, certaines affections cardiaques et certains cas de surdité étaient héréditaires. Ces affections ont fait l'objet d'études approfondies, généralement parrainées par des clubs de race et des registres canins, tandis que des clubs de race spécialisés fournissent des informations sur les défauts génétiques courants de leurs races. En outre, des organisations spécialisées, telles que l'Orthopedic Foundation for Animals, collectent des données et les mettent à la disposition des éleveurs et du grand public. Des affections telles que la dysplasie de la hanche peuvent affecter certaines races plus que d'autres.

Certains registres, comme celui de l'American Kennel Club, peuvent inclure une attestation d'absence de certains défauts génétiques, connue sous le nom de certification, dans le dossier individuel d'un chien. Par exemple, le club national de race du berger allemand en Allemagne est un registre qui reconnaît que la dysplasie de la hanche est un défaut génétique pour les chiens de cette race.

Vue d'ensemble de l'élevage canin

En conséquence, elle exige que tous les chiens subissent une évaluation de l'absence de dysplasie de la hanche pour l'enregistrement de leur progéniture, et enregistre les résultats dans les pedigrees des chiens individuels.

Des documentaires de la BBC intitulés "Pedigree Dogs Exposed" et "Pedigree Dogs Exposed - Three Years On" font état de problèmes de santé chez les chiens dus à la consanguinité. Il s'agit de problèmes respiratoires chez les carlins et les pékinois, de problèmes de colonne vertébrale chez le teckel et de syringomyélie chez l'épagneul cavalier King Charles.

Certains chercheurs scientifiques affirment que les progrès de la technologie de la reproduction artificielle à des fins d'élevage de chiens peuvent être utiles, mais qu'ils ont également des "effets néfastes" lorsqu'ils sont utilisés de manière excessive au détriment des principes de la sélection naturelle. Ces scientifiques appellent à une compréhension plus approfondie de la sélection naturelle, conduisant à une approche plus naturaliste de l'élevage canin.

Vue d'ensemble de l'élevage canin

Chien de race

Un chien de race pure désigne généralement un chien d'une race moderne dont le pedigree est documenté dans un livre généalogique et qui peut être enregistré auprès d'un club de race qui peut également faire partie d'un kennel club national.

Le terme "chien de race" peut également être utilisé d'une manière différente pour désigner des chiens de types spécifiques et des races locales qui ne sont pas des races modernes. Le biologiste Raymond Coppinger cite l'exemple d'un berger italien qui ne garde que les chiots blancs des portées de son chien gardien de moutons et élimine les autres, parce qu'il considère que les chiots blancs sont de race pure. M. Coppinger déclare : "La définition de pureté du berger n'est pas erronée, elle est simplement différente de la mienne". Cependant, la définition habituelle est celle qui concerne les races modernes.

Inscription

Les chiens de race pure sont des membres généalogiques de races modernes. Ces chiens peuvent être enregistrés auprès d'un club de race. Les clubs de race peuvent être un livre généalogique ouvert ou un livre généalogique fermé, le terme pouvant être interprété comme l'un ou l'autre. En général, le club de race est également associé à un club d'élevage (AKC, UKC, CKC, etc.). Toutefois, les chiens qui sont enregistrés auprès d'un club de race sont généralement appelés "enregistrés".

Vue d'ensemble de l'élevage canin

Certains utilisent le terme exclusivement pour un chien qui a également été enregistré auprès d'un club de race, mais le plus souvent il est utilisé simplement comme un terme générique pour se référer à des chiens qui ont des pedigrees connus au sein d'une race standardisée. Un chien de race pure ne peut être interprété comme un chien de haute qualité. Il ne s'agit pas d'une réflexion sur la qualité de la santé, du tempérament ou de la sagacité du chien, mais simplement d'une référence au fait que le chien a une filiation connue selon l'éleveur. Bien que certains clubs de race puissent désormais garantir la filiation grâce à des tests ADN, la plupart des clubs de race doivent se fier exclusivement à la parole de l'éleveur et à son choix de filiation. Dans les premières années du concept de club canin, cela ne posait pas de problème car l'élevage de chiens n'était pratiqué que par des personnes extrêmement riches et leur réputation était en jeu. Toutefois, à l'ère moderne de l'élevage, il faut savoir que même un champion de race pure enregistré, dont l'ADN a été prouvé et qui a remporté des concours nationaux, peut avoir de graves problèmes de santé.

Vue d'ensemble de l'élevage canin

Le livre généalogique fermé exige que tous les chiens descendent d'un ensemble d'ancêtres connus et enregistrés, ce qui entraîne une perte de variation génétique au fil du temps, ainsi qu'un type de race hautement identifiable, qui est à la base du sport de l'exposition de conformation. Afin d'améliorer certaines caractéristiques, la plupart des chiens modernes de race pure enregistrés dans des livres généalogiques fermés sont fortement consanguins, ce qui accroît le risque de maladies d'origine génétique.

Le livre généalogique ouvert, qui autorise certains croisements, est souvent utilisé dans les registres des chiens de troupeau, des chiens de chasse et des chiens de travail (chiens de police, chiens d'assistance et autres chiens qui travaillent directement avec les humains, et non sur le gibier ou le bétail) pour les chiens qui ne participent pas également à des concours de conformation. Les croisements avec d'autres races et l'élevage pour les caractéristiques de travail (plutôt que pour l'apparence) sont supposés produire un chien en meilleure santé. L'utilisation excessive d'un étalon particulier en raison de la désirabilité du style de travail ou de l'apparence du chien entraîne une réduction de la diversité génétique, que la race utilise un livre généalogique ouvert ou un livre généalogique fermé.

Vue d'ensemble de l'élevage canin

Le Jack Russell Terrier Club of America déclare : "La consanguinité favorise les gènes d'excellence ainsi que les gènes délétères". Certaines races à livre généalogique ouvert, comme le Jack Russell Terrier, imposent des limites strictes à la consanguinité.

Chiens croisés

Les chiens croisés (croisements de première génération entre deux chiens de race pure, également appelés hybrides de chiens) ne sont pas des races et ne sont pas considérés comme des chiens de race pure, bien que les chiens croisés issus des deux mêmes races de chiens de race pure puissent présenter des "qualités identiques", semblables à celles que l'on attendrait de l'accouplement de deux chiens de race pure, mais avec une plus grande variation génétique. Toutefois, les croisements ne sont pas des races vraies (c'est-à-dire que la progéniture présente des caractéristiques cohérentes, reproductibles et prévisibles) et ne peuvent être reproduits qu'en revenant aux deux races pures d'origine.

Parmi les races de chiens de chasse, de troupeau ou de travail inscrites au livre généalogique ouvert, un chien croisé peut être enregistré en tant que membre de la race à laquelle il ressemble le plus si le chien travaille selon les caractéristiques de la race.

Vue d'ensemble de l'élevage canin

Certains registres de chiens de chasse, de troupeau ou de travail acceptent les chiens de race mixte (c'est-à-dire d'origine inconnue) comme membres de la race s'ils travaillent dans les règles de l'art et s'enregistrent au mérite.

Race mixte

Pour les chiens de race mixte (hérédité inconnue), les chiens croisés (issus de deux races pures différentes) ou les chiens de compagnie de race pure non enregistrés, il existe de nombreuses petites entreprises d'enregistrement payantes sur Internet qui certifieront que n'importe quel chien est de race pure, selon ce que l'on voudra bien inventer.

 Cependant, de nouvelles races de chiens sont constamment créées de manière légitime, et il existe de nombreux sites web d'associations de nouvelles races et de clubs de race qui proposent des enregistrements légitimes pour des races nouvelles ou rares. Lorsque les chiens d'une nouvelle race sont "visiblement similaires dans la plupart de leurs caractéristiques" et que leur ascendance est documentée de manière fiable à partir d'une "souche de base connue et désignée", ils peuvent alors être considérés comme des membres d'une race et, si un chien individuel est documenté et enregistré, il peut être qualifié de race pure. Seule la documentation de l'ascendance à partir de la souche de base d'une race détermine si un chien est ou non un membre de race pure d'une race.

Vue d'ensemble de l'élevage canin

Chien de garde

Le terme chien d'exposition est couramment utilisé de deux manières différentes. Pour les amateurs de chiens, un chien d'exposition est un chien exceptionnel de race pure, conforme au type de la race, au caractère extraverti et plein d'énergie. Pour les personnes qui ne s'intéressent pas aux expositions canines, le terme "chien d'exposition" est souvent utilisé de manière facétieuse pour désigner un chien dont les seuls attributs sont son apparence. Raymond Coppinger déclare : "Cette récente mode de l'élevage de chiens de race est tout à fait incontrôlable".

Les expositions canines (et le sport connexe du Junior Handling pour les enfants et les jeunes) continuent d'être des activités populaires ; une seule exposition, l'exposition canine Crufts 2006, a attiré 143 000 spectateurs, avec 24 640 chiens de race pure inscrits, représentant 178 races différentes de 35 pays différents. L'exposition canine de conformation n'est ouverte qu'aux chiens de race enregistrés.

Vue d'ensemble de l'élevage canin

Questions de santé

Les maladies génétiques constituent un problème particulier pour les chiens issus de registres dont les livres généalogiques sont fermés. De nombreux clubs canins nationaux interdisent l'enregistrement de chiens atteints ou porteurs de certaines maladies génétiques. Parmi les affections les plus courantes, citons la dysplasie de la hanche, observée chez les chiens de grande race, la maladie de von Willebrand, une maladie qui affecte les plaquettes et qui est héréditaire chez le Doberman Pinscher, l'entropion, un enroulement de la paupière observé chez le Shar Pei et de nombreuses autres races, l'atrophie progressive de la rétine, héréditaire chez de nombreuses races, la surdité et l'épilepsie, dont on sait qu'elle est héréditaire chez le berger belge, le berger allemand, l'épagneul cocker et le saint-bernard. En 2008, la BBC a diffusé un documentaire sur les problèmes de santé des chiens de race.

Vue d'ensemble de l'élevage canin

L'avenir des chiens de race

La plupart des races du Kennel Club qui existent aujourd'hui ont été sélectionnées à partir de races terrestres existantes à la fin du XIXe siècle. La façon dont ces chiens apparaissent aujourd'hui a toutefois été adaptée pour correspondre à la description choisie par le club de race. Pour ce faire, il a fallu procéder à un élevage sélectif et à une réforme rigoureuse. Cela a créé un goulot d'étranglement génétique qui, selon certains, rendra l'élevage à partir de livres généalogiques fermés non viable. Les suggestions d'amélioration ont porté sur le croisement (ouverture des livres généalogiques) et sur la mesure et la régulation de la consanguinité. Certains éleveurs veillent à ce que les chiens qu'ils élèvent n'aient pas été accouplés à un trop grand nombre d'autres chiens, afin que le patrimoine génétique ne se réduise pas du fait que tout le monde s'accouple à un reproducteur populaire. Un grand nombre d'éleveurs se contentent d'accoupler deux chiens "papillonnés" en pensant que c'est tout ce qu'ils ont à faire.

Cependant, la science continue de s'améliorer et permet aux éleveurs de tester les maladies génétiques. Alors que dans le passé, les éleveurs ne pouvaient détecter que les animaux atteints, il est désormais possible d'effectuer des tests ADN et d'élever uniquement des animaux dont les gènes ne sont pas affectés, afin de produire des races plus robustes.

Chapitre 2
Reproduction canine et mise bas

Bienvenue dans ce guide complet sur la reproduction canine et la mise bas. Il vous guidera à travers les processus essentiels et les considérations à prendre en compte pour une reproduction et une mise bas réussies.

1. Comprendre l'anatomie de la reproduction canine

Chiens mâles :
Les principaux organes reproducteurs sont les testicules, qui produisent les spermatozoïdes et la testostérone.
Le pénis contient le bulbe glandique, qui se gonfle pendant l'accouplement, assurant ainsi une "cravate" pour une reproduction efficace.

Chiens femelles :
Les principaux organes sont les ovaires, l'utérus et le vagin.
Les femelles subissent un cycle œstral (chaleur) qui comporte quatre phases : proestrus, œstrus, diestrus et anœstrus.

2. Le cycle œstral

Proestrus (9 jours en moyenne) :
Gonflement de la vulve et pertes sanguinolentes.
Les femelles attirent les mâles mais ne sont pas réceptives.

L'œstrus (5-13 jours) :
L'ovulation se produit et la femelle est fertile et réceptive.
Les écoulements s'atténuent et la vulve reste gonflée.

Diestrus (2 mois si la femme n'est pas enceinte) :
Les niveaux d'hormones se stabilisent et la femelle n'est plus réceptive.

Anestrus (4-5 mois) :
Période de repos avant le cycle suivant.

3. L'accouplement

Accouplement naturel : Les mâles et les femelles sont autorisés à s'accoupler naturellement. La "liaison" se produit lorsque le bulbe glandique se gonfle, bloquant temporairement les chiens l'un contre l'autre.
Insémination artificielle : Utilisée lorsque l'accouplement naturel n'est pas viable. Un vétérinaire recueille les spermatozoïdes et les dépose dans l'appareil reproducteur de la femelle.

4. Grossesse

La gestation dure de 58 à 68 jours (moyenne : 63 jours).
Signes de grossesse :
  Agrandissement de l'abdomen.
  Augmentation de l'appétit.
  Changements de comportement (plus affectueux ou reclus).
  Les mamelons grossissent et peuvent s'assombrir.

Confirmation vétérinaire :

Échographie (à partir de 21-25 jours).
Radiographie (à partir du 45e jour pour évaluer le nombre de chiots).

5. Préparation de la mise bas

   Créer une boîte de mise bas :
      Suffisamment grand pour que le barrage puisse s'étirer confortablement.
      Des parois basses pour un accès facile mais suffisamment hautes pour contenir les chiots.
      Literie douce et propre.

   Rassembler les fournitures :
      Serviettes propres.
      Coussin chauffant (réglé à basse température) ou lampe chauffante.
      Seringue à bulbe (pour dégager les voies respiratoires des chiots).
      Gants jetables.
      Ciseaux et pinces ombilicales stériles.

   Surveiller le barrage :
      Mesurez la température rectale deux fois par jour au cours de la dernière semaine. Une chute à 98-99°F indique que le travail commencera dans les 24 heures.

6. Le processus de mise bas

Étape 1 : Préparation (6-12 heures) :

   Agitation, halètement, nidification et perte d'appétit.
   Le col de l'utérus se dilate et les contractions commencent.

Étape 2 : accouchement (6 à 12 heures ou plus) :

Les chiots naissent à un intervalle d'environ 30 à 60 minutes.
Chaque chiot est enfermé dans un sac amniotique, que la mère devrait rompre.

Assister si nécessaire :

Cassez doucement le sac et dégagez le nez et la bouche du chiot.
Stimulez la respiration en frottant avec une serviette propre.

Étape 3 : Après l'accouchement :

Le placenta est expulsé pour chaque chiot.
Veillez à ce que la mère ne mange pas trop de placentas, car cela pourrait provoquer des maux d'estomac.

7. Soins après l'aide

Pour le barrage :
Surveiller les signes d'infection (écoulement nauséabond, fièvre, léthargie).
Fournir des aliments nutritifs et de l'eau fraîche.
Pour les chiots :
Vérifiez qu'il fait chaud (les chiots ne peuvent pas réguler leur température au début).
Veillez à ce que chaque chiot soit allaité dans les deux premières heures pour qu'il prenne du colostrum.
Observer la prise de poids (une pesée quotidienne est recommandée).

8. Dépannage

   Dystocie (accouchement difficile) :
   Demander l'aide d'un vétérinaire si
   L'accouchement dure plus de 2 heures sans chiot.
   Un chiot est coincé dans le canal de naissance.
   Des écoulements verts apparaissent en l'absence de chiots.

   Questions relatives aux chiots :
   Les chiots faibles ou qui ne réagissent pas ont besoin d'une stimulation douce et de chaleur.

9. Soins de longue durée

   Socialisez les chiots dès leur plus jeune âge et prévoyez leur première visite chez le vétérinaire à l'âge de 6 à 8 semaines pour les vaccins et les examens de santé.
   Les chiots sont sevrés progressivement entre 3 et 4 semaines.

En suivant ces étapes, vous pouvez garantir une expérience sûre et saine à la fois pour la mère et ses chiots.

Les soins néonatals et la santé des chiots sont des aspects cruciaux de l'élevage canin. Voici quelques éléments à prendre en compte :

   Soins néonatals :

      Contrôle de la température : Gardez l'aire de mise bas au chaud (environ 85-90°F) pour les chiots nouveau-nés, car ils ne peuvent pas réguler leur température corporelle au début.

      Alimentation : Les chiots doivent être nourris dans les heures qui suivent leur naissance pour recevoir le colostrum, qui fournit des anticorps essentiels.

Hygiène : Gardez l'aire de mise bas propre et sèche pour éviter les infections.

Surveillance : Surveillez les chiots pour détecter tout signe de détresse, de maladie ou de retard de croissance.

Considérations relatives à la santé des chiots :

Vaccinations : Respectez le calendrier de vaccination recommandé par votre vétérinaire pour protéger les chiots contre les maladies courantes.

Vermifuge : Vermifuger régulièrement les chiots pour lutter contre les parasites intestinaux.

Nutrition : Fournir une alimentation équilibrée adaptée à l'âge et à la race de l'animal afin de favoriser sa croissance et son développement.

Socialisation : Exposez les chiots à des environnements, des personnes et des expériences différents afin de favoriser leur socialisation et de réduire les problèmes de comportement.

Contrôles de santé : Prévoyez des examens de santé réguliers avec un vétérinaire afin de détecter et de traiter tout problème de santé à un stade précoce.

En garantissant des soins néonatals appropriés et en tenant compte des aspects liés à la santé des chiots, vous contribuerez à élever des chiens sains et heureux, ce qui est essentiel pour la réussite d'une entreprise d'élevage canin.

Préparation des cycles de reproduction et des procédures d'accouplement

Comprendre le cycle de reproduction :

Apprenez le cycle de reproduction et les caractéristiques de la race en question.

Familiarisez-vous avec les quatre étapes du cycle œstral de la chienne : proestrus, œstrus, diestrus et anœstrus.

Surveillez vos chiennes pour détecter les signes de préparation, tels que les changements de comportement et les indicateurs physiques comme le gonflement et l'écoulement de la vulve.

Bilans de santé et tests génétiques :

Prévoyez des examens vétérinaires avant la reproduction pour vous assurer que les deux chiens sont en bonne santé.

Effectuer des tests génétiques pour identifier les problèmes héréditaires potentiels qui pourraient être transmis à la descendance.

Mettez à jour les vaccins et assurez-vous que les deux chiens sont exempts de parasites ou de maladies transmissibles.

Création d'un plan d'élevage :

Planifiez le moment idéal pour l'accouplement en fonction du cycle des chaleurs de la femelle, généralement entre le 9e et le 14e jour de l'œstrus.

Tenez un registre de la lignée des chiens, de leurs antécédents médicaux et des portées précédentes afin d'éviter la consanguinité.

Définir les objectifs de l'élevage, tels que l'amélioration de caractéristiques spécifiques ou le respect des normes de la race.

Préparer l'environnement :

Installez un endroit calme et sans stress pour le processus d'accouplement.
Veiller à ce que l'espace soit propre et exempt de distractions ou de dangers potentiels.
Prévoyez un endroit confortable où la femelle peut se reposer après l'accouplement.

Procédures d'accouplement :

Présentez les chiens dans un espace neutre et contrôlé afin de minimiser les comportements territoriaux.
Observez le processus d'accouplement pour garantir la sécurité et un engagement correct, en particulier pendant la phase d'accouplement, qui peut durer de 5 à 30 minutes.
Évitez d'interrompre les chiens pendant l'accouplement afin de réduire le stress ou les blessures.

Soins après l'accouplement :

Surveillez les signes de grossesse chez la femelle, tels que des changements d'appétit, de comportement ou de condition physique.

Prévoyez une visite de suivi chez le vétérinaire pour confirmer la gestation par échographie ou palpation.

Adapter le régime alimentaire et l'exercice physique de la femme pour favoriser une grossesse en bonne santé.

L'inclusion de conseils détaillés, de listes de contrôle et d'astuces d'éleveurs expérimentés peut renforcer la valeur du chapitre pour les lecteurs qui démarrent leur propre entreprise d'élevage de chiens.

Chapitre 3
Guide pour Élevage de chiens d'assistance

L'élevage de chiens d'assistance est une entreprise ciblée et spécialisée qui exige une connaissance approfondie de la génétique, du tempérament et du dressage. Voici un guide structuré qui vous permettra d'aborder cette question de manière responsable et éthique :

1. Comprendre le rôle des chiens d'assistance

Les chiens d'assistance aident les personnes handicapées en effectuant des tâches spécifiques. Les types de chiens les plus courants sont les suivants :

   Chiens guides pour les personnes malvoyantes.
   Chiens d'écoute pour les personnes malentendantes.
   Chiens d'assistance à la mobilité pour les handicaps physiques.
   Chiens d'assistance psychiatrique pour le soutien à la santé mentale.

Chaque rôle exige des caractéristiques uniques, et votre programme d'élevage doit cibler les caractéristiques physiques et comportementales appropriées.

2. Sélectionner les races appropriées

Certaines races sont couramment utilisées en raison de leur intelligence, de leur tempérament et de leur aptitude au dressage :

   Labrador Retrievers : Amical, adaptable et désireux de plaire.
   Golden Retriever : Intelligent et doux.
   Bergers allemands : Loyal et discipliné.
   Caniches : Hypoallergéniques et très intelligents.

La race que vous choisissez doit correspondre aux tâches spécifiques du chien d'assistance que vous avez l'intention de soutenir.

3. Évaluer le cheptel reproducteur

Les chiens reproducteurs doivent présenter les qualités suivantes :

   Bonne santé : Effectuez des dépistages de maladies génétiques courantes (par exemple, dysplasie de la hanche, problèmes oculaires ou cardiaques).
   Tempérament stable : Évitez les chiens anxieux, agressifs ou extrêmement timides.
   Un pedigree éprouvé : Choisissez des chiens issus de lignées qui ont déjà produit des animaux d'assistance performants.

Veiller à ce que tous les chiens soient conformes aux normes de la race et réussissent les évaluations comportementales.

4. Tests de tempérament

Commencez à évaluer votre tempérament dès le début :

   Test d'aptitude du chiot (PAT) à 7-8 semaines : Il mesure la curiosité, l'attirance sociale, la sensibilité au bruit et la réaction de sursaut.
   Observations comportementales : Recherchez la résilience, la concentration et la volonté d'apprendre.

5. Potentiel de formation

Votre objectif est de produire des chiens avec :

   Intelligence : Apprend rapidement et peut s'adapter à des tâches complexes.
   Comportement calme : A l'aise dans les environnements très stressants.
   Aptitudes à la socialisation : Capacité à interagir avec les gens et les autres animaux.

La socialisation précoce à des environnements, des sons et des personnes variés est essentielle.

6. Suivre des pratiques éthiques

Limiter la fréquence des accouplements : Protégez la santé de vos animaux reproducteurs.
Respecter les réglementations : Vérifiez les lois locales, nationales et fédérales concernant l'élevage d'animaux.
Transparence : Fournir des dossiers complets sur la santé et la lignée aux acheteurs ou aux organisations.

7. Partenariat avec des formateurs et des organisations

La collaboration est essentielle. Travaillez avec des dresseurs expérimentés, des vétérinaires et des organisations de chiens d'assistance pour :

Veiller à ce que les chiots bénéficient de programmes de formation adaptés.
Obtenir un retour d'information pour améliorer vos pratiques d'élevage.

8. Plan pour les chiens inadaptés

Tous les chiots ne répondent pas aux critères des chiens d'assistance. Prévoir un plan pour :

Adoption dans des foyers aimants.
Rôles alternatifs : Animaux de thérapie ou de soutien émotionnel.

9. Investir dans la formation continue

Restez informé sur :

Progrès en matière de génétique et de pratiques d'élevage.
Évolution des exigences relatives aux tâches des chiens d'assistance.
Recherche sur la santé et le comportement.

En suivant ces étapes, vous pouvez contribuer de manière significative à la création de chiens d'assistance qui transforment des vies.

Chapitre 4
L'élevage de chiens Fournitures et équipement

Fournitures et équipements pour l'élevage de chiens

Pet Edge

PetEdge est un fournisseur de premier plan de fournitures de toilettage en gros et de produits pour animaux de compagnie à prix réduit.

Pet Edge vous donne accès à plus de 12 000 produits de marque nationale et de marque exclusive PetEdge par le biais de ses catalogues et de son site web.

http://goo.gl/R9DDto

ValleyVet

Que vous soyez à la recherche de médicaments sur ordonnance, de vaccins, de produits antiparasitaires, de matériel de clôture, de harnais, d'une nouvelle paire de bottes ou de n'importe quoi d'autre, ne cherchez pas plus loin que ValleyVet, qui offre plus de 23 000 produits !

https://urlzs.com/hh2ro

Fournitures et équipements pour l'élevage de chiens

Éleveurs Exodus

Les éleveurs d'Exodus proposent des produits de reproduction tels que

- Kits d'insémination
- Matériel de collecte de sang
- Transport express de sperme canin
- Gestion du chenil et fournitures
- Kits et détecteurs d'ovulation
- Seringues et aiguilles stériles en plastique
- Kit de réanimation pour chiot
- Matériel de collecte de sperme
- Fournitures pour la gestion de la congélation du sperme

et bien d'autres choses encore !

https://www.exodusbreeders.com/

Fournitures et équipements pour l'élevage de chiens

Fournitures vétérinaires de A à Z

A to Z vet supply a plus de 50 000 produits. Économisez sur tout ce dont vous avez besoin pour l'élevage de chiens lorsque vous achetez des fournitures pour l'élevage de chiens directement auprès de A to Z Vet Supply. Il est abordable et pratique de s'approvisionner en produits de toilettage de qualité, en médicaments, en litière et autres fournitures pour le chenil.

A to Z Vet Supply est également votre source unique de fournitures pour la mise bas, des suppléments pour l'élevage aux tests de grossesse en passant par les vaccins pour les chiots.

Ils offrent également

- Produits antipuces et antitiques
- Vers D
- Colliers et baux
- Suppléments / Produits nutritionnels
- Aides à la formation
- Jouets et friandises
- Systèmes d'identification

https://urlzs.com/kYMf1

Fournitures et équipements pour l'élevage de chiens

Liste complète des races de chiens reconnues

American Kennel Club

L'American Kennel Club se consacre au maintien de l'intégrité de son registre, à la promotion du sport des chiens de race et à l'élevage en fonction du type et de la fonction. Fondé en 1884, l'AKC® et ses organisations affiliées défendent le chien de race en tant que compagnon familial, font progresser la santé et le bien-être des chiens, s'efforcent de protéger les droits de tous les propriétaires de chiens et encouragent la possession de chiens de manière responsable.

Non seulement vous pouvez obtenir une liste de toutes les races de chiens reconnues, mais ce site web vous permet également de.. :

- Obtenir des produits et services de dressage de chiens
- Trouver des chiots
- Acheter de nouveaux produits
- S'impliquer dans des événements sportifs
- Enregistrez votre chien

http://www.akc.org/dog-breeds/

Fournitures et équipements pour l'élevage de chiens

Fournitures pour le dressage des chiens

http://www.dog-training.com/

http://www.roverpet.com/

http://www.dogsupplies.com/

http://www.petwholesaler.com/index.php

http://www.happytailsspa.com/

http://www.futurepet.com/

http://www.petmanufacturers.com/

http://www.k9bytesgifts.com/

http://www.kingwholesale.com/

http://www.upco.com/

Fournitures et équipements pour l'élevage de chiens

PROGRAMMES DE CERTIFICATION

Conseil de certification pour Dresseurs de chiens professionnels

Le Conseil de certification des éducateurs canins professionnels® (CCPDT®) est le principal organisme indépendant d'évaluation et de certification des professionnels de l'éducation et du comportement canins. Il établit la norme mondiale pour le développement d'examens rigoureux visant à démontrer la maîtrise de pratiques d'éducation canine humaines et fondées sur la science. Il s'agit d'une organisation privée à but non lucratif.

http://www.ccpdt.org/

L'association des Dresseurs de chiens professionnels

Que vous vous lanciez dans une carrière d'éducateur canin, que vous soyez un vétéran de l'industrie ou que vous essayiez simplement de décider de la meilleure façon d'ajouter un chien à votre famille, l'APDT est l'endroit où vous trouverez les conseils, le soutien et la formation dont vous avez besoin.

https://apdt.com/join/certification/

Chapitre 5
Démarrer une activité commerciale pas à pas

Démarrer une entreprise

Les États-Unis comptent à eux seuls plus de trente millions d'entreprises à domicile.

De nombreuses personnes rêvent de l'indépendance et de la récompense financière que procure une entreprise à domicile. Malheureusement, la paralysie de l'analyse les empêche de passer à l'action. Ce chapitre est conçu pour vous donner une feuille de route pour démarrer. L'étape la plus difficile de tout voyage est le premier pas.

Anthony Robbins a créé un programme appelé Personal Power. J'ai étudié ce programme il y a longtemps, et aujourd'hui je le résumerais en disant que vous devez trouver un moyen de vous motiver à prendre des mesures massives sans avoir peur de l'échec.

2 Timothée 1:7 Version King James

"Car Dieu ne nous a pas donné un esprit de crainte, mais un esprit de force, d'amour et de sagesse.

Démarrer une entreprise

ÉTAPE N° 1 : CRÉER UN BUREAU DANS VOTRE MAISON

Si vous voulez vraiment gagner de l'argent, refaites la grotte de l'homme ou de la femme et aménagez un endroit où vous pourrez faire des affaires sans être interrompu.

ÉTAPE N°2 : BUDGÉTER DU TEMPS POUR VOTRE ENTREPRISE

Si vous avez déjà un travail, ou si vous avez des enfants, ils peuvent vous prendre beaucoup de temps. Sans parler des amis bien intentionnés qui utilisent le téléphone comme un voleur de temps. Prévoyez un budget pour votre entreprise et respectez-le.

ÉTAPE #3 CHOISIR LE TYPE D'ENTREPRISE

Il n'est pas nécessaire d'être rigide, mais il faut commencer par la fin. Vous pourrez devenir plus flexible au fur et à mesure que vous acquerrez de l'expérience.

Démarrer une entreprise

ÉTAPE N°4 LA FORME JURIDIQUE DE VOTRE ENTREPRISE

Les trois formes juridiques de base sont l'entreprise individuelle, la société de personnes et la société de capitaux. Chacune a ses avantages. Consultez le site www.Sba.gov pour en savoir plus sur chacune d'entre elles et prendre une décision.

ÉTAPE N° 5 CHOISIR UN NOM COMMERCIAL ET L'ENREGISTRER

L'un des moyens les plus sûrs de choisir un nom d'entreprise est d'utiliser son propre nom. En utilisant votre propre nom, vous n'avez pas à vous soucier des violations des droits d'auteur.

Toutefois, il convient de toujours vérifier auprès d'un avocat ou de l'autorité juridique compétente lorsqu'il s'agit de questions juridiques.

Démarrer une entreprise

ÉTAPE N° 6 : RÉDIGER UN PLAN D'ENTREPRISE

Cela semble aller de soi. Quel que soit votre objectif, vous devez disposer d'un plan d'action. Vous devez avoir un plan d'affaires. Dans la NFL, environ sept entraîneurs principaux sont licenciés chaque saison. Ainsi, dans un secteur très concurrentiel, un homme n'ayant aucune expérience en tant qu'entraîneur principal a été engagé par les Philadelphia Eagles de la NFL. Il s'appelait Andy Reid. Andy Reid deviendra plus tard l'entraîneur le plus performant de l'histoire de l'équipe. L'une des raisons pour lesquelles le propriétaire l'a engagé est qu'il avait un plan d'entreprise de la taille d'un annuaire téléphonique. Votre plan d'affaires n'a pas besoin d'être aussi volumineux, mais si vous prévoyez autant de choses que possible, vous risquez moins d'être déstabilisé lorsque les choses ne se déroulent pas comme prévu.

ÉTAPE N° 7 LICENCES ET PERMIS APPROPRIÉS

Allez à la mairie et renseignez-vous sur ce qu'il faut faire pour créer une entreprise à domicile.

Démarrer une entreprise

ÉTAPE N° 8 CRÉATION D'UN SITE WEB, SÉLECTION DE CARTES DE VISITE, DE PAPIER À LETTRES, DE BROCHURES

C'est l'un des moyens les moins coûteux non seulement de lancer votre entreprise, mais aussi de la promouvoir et de la mettre en réseau.

ÉTAPE N° 9 : OUVRIR UN COMPTE COURANT PROFESSIONNEL

Le fait de disposer d'un compte commercial séparé facilite grandement le suivi des bénéfices et des dépenses. Cela vous sera utile, que vous décidiez de faire vos propres impôts ou de faire appel à un professionnel.

ÉTAPE N°10 PRENDRE DES MESURES DÈS AUJOURD'HUI !

Il ne s'agit pas d'un plan complet de création d'entreprise. Il a pour but de vous orienter dans la bonne direction pour démarrer. Vous pouvez consulter l'Administration des petites entreprises (Small Business Administration) pour obtenir de nombreuses ressources gratuites sur la création d'entreprise.
Il existe même un programme (SCORE) qui vous donne accès à de nombreux professionnels à la retraite qui vous conseilleront gratuitement ! Leur site web : **www.score.org**

Chapitre 6
Meilleure façon
Rédiger un
Plan d'entreprise

Comment rédiger un plan d'entreprise

Des millions de personnes veulent savoir quel est le secret pour gagner de l'argent. La plupart d'entre eux sont arrivés à la conclusion qu'il fallait créer une entreprise. Mais comment créer une entreprise ? La première chose à faire pour créer une entreprise est d'élaborer un plan d'affaires.

Un plan d'entreprise est un exposé formel d'un ensemble d'objectifs commerciaux, des raisons pour lesquelles ils sont considérés comme réalisables et du plan pour atteindre ces objectifs. Il peut également contenir des informations générales sur l'organisation ou l'équipe qui tente d'atteindre ces objectifs.

Un plan d'affaires professionnel se compose de huit parties.

1. Résumé exécutif

Le résumé est une partie très importante de votre plan d'entreprise. Beaucoup considèrent qu'il s'agit de la partie la plus importante, car elle résume la situation actuelle de votre entreprise, l'orientation que vous souhaitez lui donner et les raisons pour lesquelles le plan d'entreprise que vous avez élaboré sera un succès. Lorsque vous demandez des fonds pour démarrer votre entreprise, le résumé est l'occasion d'attirer l'attention d'un investisseur potentiel.

Comment rédiger un plan d'entreprise

2. Description de l'entreprise

La partie du plan d'affaires consacrée à la description de l'entreprise passe en revue les différents aspects de votre entreprise. Cela revient à résumer brièvement votre discours d'ascenseur pour aider les lecteurs et les investisseurs potentiels à saisir rapidement l'objectif de votre entreprise et ce qui la distinguera, ou le besoin unique qu'elle comblera.

3. Analyse du marché

La partie de votre plan d'entreprise consacrée à l'analyse du marché doit détailler le marché et le potentiel monétaire de votre secteur. Vous devez faire preuve d'une recherche détaillée et de stratégies logiques de pénétration du marché. Allez-vous utiliser des prix bas ou une qualité élevée pour pénétrer le marché ?

4. Organisation et gestion

La section relative à l'organisation et à la gestion suit l'analyse du marché. Cette partie du plan d'entreprise présente la structure organisationnelle de l'entreprise, le type de structure d'incorporation, la propriété, l'équipe de direction et les qualifications de toutes les personnes occupant ces postes, y compris le conseil d'administration, le cas échéant.

Comment rédiger un plan d'entreprise

5. Ligne de services ou de produits

La partie de votre plan d'affaires consacrée à la ligne de service ou de produit vous donne l'occasion de décrire votre service ou votre produit. Mettez l'accent sur les avantages pour les clients plutôt que sur ce que fait le produit ou le service. Par exemple, un climatiseur produit de l'air froid. L'avantage du produit est qu'il rafraîchit et rend les clients plus à l'aise, qu'ils soient en voiture dans un trafic dense ou qu'ils soient malades et assis dans une maison de retraite. Les climatiseurs répondent à un besoin qui peut faire la différence entre la vie et la mort. Utilisez cette section pour indiquer quels sont les avantages les plus importants de votre produit ou service et à quel besoin il répond.

6. Marketing et ventes

Disposer d'un plan marketing éprouvé est un élément essentiel à la réussite de toute entreprise. Aujourd'hui, les ventes en ligne dominent le marché. Présentez un plan de marketing Internet solide ainsi qu'un plan pour les médias sociaux. Les vidéos YouTube, les publicités Facebook et les communiqués de presse peuvent tous faire partie de votre plan de marketing internet. La distribution de prospectus et de cartes de visite reste un moyen efficace d'atteindre des clients potentiels.

Utilisez cette partie de votre plan d'affaires pour indiquer vos prévisions de ventes et la manière dont vous êtes parvenu à ce chiffre. Faites des recherches sur des entreprises similaires pour obtenir d'éventuelles statistiques sur le chiffre d'affaires.

Comment rédiger un plan d'entreprise

7. Demande de financement

Lorsque vous rédigez la section "Demande de financement" de votre plan d'entreprise, assurez-vous d'être détaillé et de disposer d'une documentation sur le coût des fournitures, des locaux, du transport, des frais généraux et de la promotion de votre entreprise.

8. Projections financières

Vous trouverez ci-dessous une liste des états financiers importants à inclure dans votre dossier de plan d'affaires.

Données financières historiques

Vos données financières historiques sont les relevés bancaires, les bilans et les garanties éventuelles pour votre prêt.

Données financières prospectives

La partie de votre plan d'entreprise consacrée aux données financières prospectives doit montrer votre potentiel de croissance dans votre secteur d'activité, en établissant des projections pour les cinq prochaines années au moins.

Vous pouvez établir des projections mensuelles ou trimestrielles pour la première année. Vous pouvez ensuite faire des projections d'une année sur l'autre.

Incluez une analyse des ratios et des tendances pour tous vos états financiers. Utilisez des graphiques colorés pour expliquer les tendances positives, dans le cadre de la section "projections financières" de votre plan d'affaires.

Comment rédiger un plan d'entreprise

Annexe

L'annexe ne doit pas faire partie du corps principal de votre plan d'entreprise. Elle ne doit être fournie qu'en cas de besoin. Votre plan d'entreprise peut être consulté par un grand nombre de personnes et vous ne souhaitez pas que certaines informations soient accessibles à tout le monde. Les prêteurs peuvent avoir besoin de ces informations et vous devez donc préparer une annexe au cas où.

L'annexe comprendrait

Antécédents de crédit (personnel et professionnel)

    Curriculum vitae des principaux responsables

    Photos du produit

    Lettres de référence

    Détails des études de marché

    Articles de magazines ou références de livres pertinents

    Licences, permis ou brevets

    Documents juridiques

    Copies des baux

Comment rédiger un plan d'entreprise

Permis de construire

Contrats

Liste des consultants en affaires, y compris avocat et comptable

Tenez un registre des personnes que vous autorisez à consulter votre plan d'entreprise.

Inclure un avis de non-responsabilité concernant le placement privé. Un avis de non-responsabilité relatif à un placement privé (Private Placement Disclaimer) est un document axé principalement sur les inconvénients éventuels d'un investissement.

Chapitre 7
Entreprises
Assurance

ASSURANCE DES ENTREPRISES

Consultez un avocat pour toutes vos affaires.

Au début des années 1990, une femme âgée a acheté une tasse de café chaud au drive-in d'un McDonald's à Albuquerque. Elle a renversé le café et a subi des brûlures au troisième degré. Elle a intenté un procès à McDonald's et a gagné. Elle a obtenu 2,7 millions de dollars de dommages-intérêts punitifs. Le verdict a fait l'objet d'un appel et le règlement est estimé à environ 500 000 dollars. Tout cela parce qu'elle a renversé le café sur ses genoux en essayant d'y ajouter du sucre et de la crème.

Deux hommes de l'Ohio étaient poseurs de tapis. Ils ont été gravement brûlés lorsqu'un conteneur de 3,5 gallons de colle à moquette s'est enflammé lorsque le chauffe-eau à côté duquel il se trouvait a été mis en marche. Ils ont estimé que l'étiquette d'avertissement figurant au dos du bidon était insuffisante. Ils ont donc intenté une action en justice contre les fabricants de colle et ont obtenu neuf millions de dollars.

Une femme de l'Oklahoma a acheté un Winnebago flambant neuf. Alors qu'elle rentrait chez elle, elle a réglé le régulateur de vitesse sur 80 km/h. Elle a ensuite quitté le siège du conducteur pour se préparer un café ou un sandwich à l'arrière du camping-car. Elle quitte alors le siège du conducteur pour se préparer un café ou un sandwich à l'arrière du camping-car.

ASSURANCE DES ENTREPRISES

Le véhicule s'est écrasé et la femme a poursuivi Winnebago pour ne pas l'avoir informée que le régulateur de vitesse ne permet pas de conduire et de diriger le véhicule. Elle a gagné 1,7 million de dollars et la société a dû réécrire son manuel d'instructions.

Malheureusement, ces trois poursuites scandaleuses sont réelles. Si vous voulez gérer une entreprise, quelle qu'elle soit, vous devriez envisager de vous protéger avec une assurance responsabilité professionnelle, également connue sous le nom d'assurance contre les erreurs et omissions (E & O).

Ce type d'assurance peut vous aider à ne pas avoir à payer le coût total de votre défense contre un procès pour négligence.

L'assurance erreurs et omissions peut vous protéger contre des sinistres qui ne sont généralement pas couverts par l'assurance responsabilité civile ordinaire. Ces polices couvrent généralement les dommages corporels ou matériels. L'assurance erreurs et omissions peut vous protéger contre la négligence et d'autres formes d'angoisse mentale telles que des conseils inexacts ou de fausses déclarations. Les poursuites pénales ne sont pas couvertes.

L'assurance contre les erreurs et omissions est recommandée aux notaires, aux courtiers en immobilier ou aux investisseurs, ainsi qu'aux professionnels tels que les ingénieurs en informatique, les avocats, les inspecteurs en bâtiment, les développeurs de sites web et les architectes paysagistes, pour n'en citer que quelques-uns.

ASSURANCE DES ENTREPRISES

Les réclamations les plus courantes en matière d'erreurs et d'omissions :

%25 Manquement à l'obligation fiduciaire

%15 Rupture de contrat

Négligence

%13 Défaut de surveillance

%11 Inadaptation

%10 Autres

ASSURANCE DES ENTREPRISES

Ce que vous devez savoir ou exiger avant d'acheter une police d'assurance erreurs et omissions est...

* Quelle est la limite de responsabilité ?

* Quelle est la franchise ?

* Est-ce qu'il inclut le FDD First Dollar Defense - qui oblige la compagnie d'assurance à se battre dans une affaire sans franchise préalable.

* Ai-je une couverture de fin de carrière ou une couverture de déclaration étendue (assurance qui dure jusqu'à la retraite) ?

* Couverture étendue pour les employés

* Couverture de la responsabilité cybernétique

* Couverture fiduciaire du ministère du travail

* Couverture de l'insolvabilité

Si vous avez souscrit une assurance contre les erreurs et omissions, renouvelez-la le jour de son expiration. Vous devez veiller à éviter les lacunes dans votre couverture, sous peine de ne pas voir votre police renouvelée.

ASSURANCE DES ENTREPRISES

Quelques fournisseurs d'assurance E & O :

Assurance

Insureon indique que la police d'assurance erreurs et omissions médiane coûte environ 750 dollars par an ou 65 dollars par mois. Bien entendu, le prix varie en fonction de votre activité, de la police que vous choisissez et d'autres facteurs de risque.

https://www.insureon.com/home

EOforless

EOforless.com aide les professionnels de l'assurance, de l'investissement et de l'immobilier à souscrire une assurance E & O à un coût abordable en cinq minutes ou moins.

https://www.eoforless.com/

ASSURANCE DES ENTREPRISES

CalSurance Associates

En tant que courtier d'assurance de premier plan, CalSurance Associates, une division de Brown & Brown Program Insurance Services, Inc. a plus de cinquante ans d'expérience dans la fourniture de produits d'assurance complets, d'un service exceptionnel et de résultats éprouvés à plus de 150 000 assurés. Ils fournissent des professionnels dans tout le pays et dans de nombreux secteurs, y compris certaines des plus grandes sociétés financières et compagnies d'assurance des États-Unis.

http://www.calsurance.com/csweb/index.aspx

Mieux vaut prévenir que guérir

L'assurance est l'un des coûts cachés de l'activité commerciale. Il ne s'agit là que de quelques entreprises et d'un bref aperçu du thème de l'assurance des entreprises. N'oubliez pas de consulter un avocat ou un agent d'assurance qualifié avant de prendre une décision en matière d'assurance. Protégez-vous et protégez votre entreprise. De nombreux États n'exigent pas la souscription d'une assurance responsabilité civile professionnelle. Mais quand on voit le coût de certains règlements, mieux vaut prévenir que guérir.

Chapitre 8
Une mine d'or de subventions publiques

Comment rédiger un Winning

Proposition de subvention

Une mine d'or de subventions publiques

Les subventions publiques. De nombreuses personnes ne croient pas à l'existence des subventions publiques ou pensent qu'elles ne pourront jamais obtenir de subventions publiques.

Tout d'abord, il convient de préciser une chose. L'argent des subventions publiques est **VOTRE ARGENT**. L'argent du gouvernement provient des impôts payés par les résidents de ce pays. Selon l'État dans lequel vous vivez, vous payez des impôts sur presque tout....La taxe foncière sur votre maison. La taxe foncière sur votre voiture. Les taxes sur les articles que vous achetez au centre commercial ou à la station-service. Taxes sur l'essence, la nourriture que vous achetez, etc.

Alors mettez-vous dans l'état d'esprit que vous n'êtes pas un cas de charité ou trop fier pour demander de l'aide, parce que les entreprises milliardaires comme GM, les grandes banques et la plupart des entreprises américaines n'hésitent pas à obtenir leur part de **VOTRE ARGENT** !

Il existe plus de deux mille trois cents (2 300) programmes d'aide du gouvernement fédéral. Certains sont des prêts, mais beaucoup sont des subventions de formule et des subventions de projet. Pour connaître tous les programmes disponibles, rendez-vous sur le site :

https://beta.sam.gov/help/assistance-listing

LA RÉDACTION D'UNE PROPOSITION DE SUBVENTION

Les éléments de base d'une proposition

La création d'un dossier de proposition solide repose sur huit éléments de base :

1. Le résumé de la proposition ;

2. Présentation de l'organisation ;

3. L'énoncé du problème (ou l'évaluation des besoins) ;

4. Objectifs du projet ;

5. Méthodes ou conception du projet ;

6. L'évaluation du projet ;

7. le financement futur ; et

8. Le budget du projet.

LA RÉDACTION D'UNE PROPOSITION DE SUBVENTION

Le résumé de la proposition

Le résumé de la proposition est un aperçu des buts et objectifs du projet. Le résumé de la proposition doit être court et pertinent. Pas plus de 2 ou 3 paragraphes. Placez-le au début de la proposition.

Introduction

La partie Introduction de votre proposition de subvention vous présente, vous et votre entreprise, comme un candidat et une organisation crédibles.

Mettez en évidence les réalisations de votre organisation à partir de toutes les sources : articles de journaux ou en ligne, etc. Incluez une biographie des principaux membres et dirigeants. Énoncez les objectifs et la philosophie de l'entreprise.

L'énoncé du problème

L'énoncé du problème précise le problème que vous allez résoudre (peut-être réduire le nombre de sans-abri). Veillez à utiliser des faits. Indiquez qui et comment les personnes concernées bénéficieront de la résolution du problème. Indiquez la manière exacte dont vous allez résoudre le problème.

LA RÉDACTION D'UNE PROPOSITION DE SUBVENTION

Objectifs du projet

La section Objectifs du projet de votre proposition de subvention se concentre sur les buts et les résultats souhaités.

Veillez à identifier tous les objectifs et la manière dont vous allez les atteindre. Plus vous trouverez de statistiques à l'appui de vos objectifs, mieux ce sera. Veillez à fixer des objectifs réalistes. Vous pourriez être jugé sur votre capacité à réaliser ce que vous avez déclaré avoir l'intention de faire.

Méthodes et conception des programmes

La section "Méthodes et conception du programme" de votre proposition de subvention est un plan d'action détaillé.

    Les ressources qui seront utilisées.

    Quels seront les besoins en personnel ?

    Développement du système.

    Créer un organigramme des caractéristiques du projet.

    Expliquer ce qui sera réalisé.

    Essayez de produire des preuves de ce qui seraréalisé sur   .

    Faites un diagramme de la conception du programme.

LA RÉDACTION D'UNE PROPOSITION DE SUBVENTION

L'évaluation

Il y a l'évaluation du produit et l'évaluation du processus. L'évaluation du produit porte sur les résultats liés au projet et sur la mesure dans laquelle le projet a atteint ses objectifs.

L'évaluation du processus porte sur la manière dont le projet a été mené, sur sa conformité avec le plan initial et sur l'efficacité globale des différents aspects du plan.

Les évaluations peuvent commencer à n'importe quel moment du projet ou à la fin de celui-ci. Il est conseillé de soumettre un projet d'évaluation au début du projet.

Il est préférable d'avoir recueilli des données convaincantes avant et pendant le programme.

Si la conception de l'évaluation n'est pas présentée dès le début, cela pourrait encourager un examen critique de la conception du programme.

Financement futur

La partie "Financement futur" de la proposition de subvention doit comporter une planification à long terme du projet au-delà de la période de subvention.

LA RÉDACTION D'UNE PROPOSITION DE SUBVENTION

Budget

Les services publics, la location de matériel, le personnel, le salaire, la nourriture, le transport, les factures de téléphone et l'assurance ne sont que quelques-uns des éléments à inclure dans le budget.

Un budget bien construit tient compte de chaque centime.

Pour un guide complet sur les subventions publiques, consultez Google

catalogue de l'aide domestique fédérale. Vous pouvez télécharger une version PDF complète du catalogue.

Autres sources de financement public

Vous pouvez obtenir des prêts généraux pour les petites entreprises auprès du gouvernement. Pour plus d'informations, consultez le site de la Small Business Administration.

Programme de microcrédit de la SBA

Le programme de microcrédit propose des prêts allant jusqu'à 50 000 dollars, le prêt moyen étant de 13 000 dollars.

https://www.sba.gov/

LA RÉDACTION D'UNE PROPOSITION DE SUBVENTION

Récemment, le milliardaire Elon Musk a reçu 4,9 milliards de dollars de subventions publiques. Si vous hésitez à solliciter l'aide du gouvernement, laissez-vous convaincre. Un milliardaire qui paie peu d'impôts a reçu des milliards de dollars de vos impôts.

Les subventions publiques existent. Comme tout ce qui en vaut la peine, il faut faire des efforts et remplir des conditions pour les obtenir.

Chapitre 9
L'argent colossal de Financement participatif

Crowd Funding Crowd Sourcing

En 2015, plus de 34 milliards de dollars ont été collectés grâce au crowdfunding. Le crowdfunding et le crowdsourcing ont vu le jour en 2005 et permettent de financer des projets en collectant des fonds auprès d'un grand nombre de personnes, généralement par l'intermédiaire d'Internet.

Ce type de collecte de fonds ou de capital-risque comporte généralement trois composantes. L'individu ou l'organisation qui a un projet à financer, des groupes de personnes qui font des dons pour le projet et une organisation qui met en place une structure ou des règles pour réunir ces deux éléments.

Ces sites web sont payants. La commission standard en cas de succès est d'environ 5 %. Si votre objectif n'est pas atteint, des frais sont également prélevés.

Vous trouverez ci-dessous une liste des meilleurs sites de crowdfunding selon Sally Outlaw, collaboratrice du magazine Entrepreneur et moi-même.

Crowd Funding Crowd Sourcing

https://www.indiegogo.com/

Cette plateforme, qui a d'abord servi à faire tourner des films, permet aujourd'hui de collecter des fonds pour n'importe quelle cause.

http://rockethub.com/

Cette plateforme artistique à l'origine permet aujourd'hui de collecter des fonds pour les entreprises, la science, les projets sociaux et l'éducation.

http://peerbackers.com/

Peerbackers se concentre sur la collecte de fonds pour les entreprises, les entrepreneurs et les innovateurs.

https://www.kickstarter.com/

Le plus populaire et le plus connu de tous les sites de crowdfunding. Kickstarter se concentre sur le cinéma, la musique, la technologie, les jeux, le design et les arts créatifs. Kickstarter n'accepte que les projets provenant des États-Unis, du Canada et du Royaume-Uni.

Crowd Funding Crowd Sourcing

Groupe Growvc

http://group.growvc.com/

Ce site web est destiné aux entreprises et à l'innovation technologique.

https://microventures.com/

Accédez aux investisseurs providentiels. Ce site est destiné aux entreprises en phase de démarrage.

https://angel.co/

Un autre site web pour les entreprises en phase de démarrage.

https://circleup.com/

Circle up s'adresse aux entreprises de consommation innovantes.

https://www.patreon.com/

Si vous créez une chaîne YouTube (ce qui est fortement recommandé), vous entendrez souvent parler de ce site web. Ce site s'adresse aux créateurs de contenu.

Crowd Funding Crowd Sourcing

https://www.crowdrise.com/

"Levez des fonds pour toute cause qui vous inspire.
Le slogan de la page d'atterrissage parle de lui-même. #1er site de collecte de fonds pour les causes personnelles.

https://www.gofundme.com/

Ce site web de collecte de fonds est destiné aux entreprises, aux organisations caritatives, à l'éducation, aux urgences, aux sports, à la médecine, aux commémorations, aux animaux, à la foi, à la famille, aux jeunes mariés, etc...

https://www.youcaring.com/

Le leader de la collecte de fonds gratuite. Plus de 400 millions de dollars collectés.

https://fundrazr.com/

FundRazr est une plateforme de collecte de fonds en ligne primée qui a aidé des milliers de personnes et d'organisations à collecter des fonds
pour des causes qui leur tiennent à cœur.

Chapitre 10 Marketing Comment atteindre gratuitement un milliard de personnes !

Comment atteindre gratuitement un milliard de personnes !

La commercialisation de votre café est essentielle à son succès. Dans l'environnement commercial d'aujourd'hui, le marketing n'a pas besoin d'être coûteux. Avec les médias sociaux et les grands moteurs de recherche comme Google et YouTube, vous pouvez faire connaître votre entreprise à des millions de personnes sans que cela ne vous coûte une fortune.

MARKETING À COÛT ZÉRO

Bien qu'il existe de nombreux moyens de commercialisation, nous nous concentrerons uniquement sur le MARKETING À COÛT ZÉRO. Vous démarrez. Vous pourrez toujours opter pour des méthodes de marketing plus coûteuses une fois que votre entreprise produira des revenus.

HÉBERGEMENT WEB GRATUIT

Obtenez un site web gratuit. Vous pouvez obtenir un site web gratuit sur weebly.com ou wix.com. Ou tapez simplement "hébergement web gratuit" dans un moteur de recherche google, bing ou yahoo.

L'hébergement web gratuit est quelque chose que vous pouvez utiliser pour diverses raisons. Cependant, de nombreux sites d'hébergement gratuit ajoutent une extension au nom de votre adresse web qui permet à tout le monde de savoir que vous utilisez leurs services. C'est pourquoi vous voudrez éventuellement passer à l'échelle supérieure lorsque vous commencerez à gagner de l'argent.

Comment atteindre gratuitement un milliard de personnes !

HÉBERGEMENT WEB PAYANT À BAS PRIX

La gratuité, c'est bien, mais lorsque vous devez développer votre activité, il est préférable d'opter pour un service d'hébergement payant. Il en existe plusieurs qui vous offrent un bon rapport qualité-prix pour moins de 10 $ par mois.

1. Yahoo petites entreprises
2. Intuit.com
3. ipage.com
4. Hostgator.com
5. Godaddy.com

Yahoo small business permet un nombre illimité de pages web et est probablement le meilleur rapport qualité/prix, mais il exige un paiement annuel à l'avance. Intuit permet des paiements mensuels.

Pour un commerce électronique gratuit sur votre site web, ouvrez un compte Paypal et obtenez gratuitement le code HTML pour les boutons de paiement. Placez ensuite ces boutons sur votre site web.

Comment atteindre gratuitement un milliard de personnes !

Étape 1 : Marketing internet à coût zéro

Maintenant que votre site web est opérationnel, vous devez l'enregistrer auprès d'au moins les trois principaux moteurs de recherche. 1. Google 2. Bing 3. Yahoo.

Étape 2 : Marketing internet à coût zéro

Rédigez et envoyez un **communiqué de presse**. Cherchez sur Google "sites de communiqués de presse gratuits" pour trouver des sites de communiqués de presse qui vous permettront de rédiger des communiqués de presse gratuitement. Si vous ne savez pas comment rédiger un communiqué de presse, rendez-vous sur www.fiverr.com et sous-traitez le travail pour seulement 5 $!

Étape 3 : Marketing internet à coût zéro

Rédiger et soumettre des articles à des sites web de marketing d'articles tels que **ezinearticles.com**.

Étape 4 : Marketing internet à coût zéro

Créez et soumettez des vidéos sur des sites de partage de vidéos tels que dailymotion.com ou **youtube.com.** Veillez à inclure un lien hypertexte vers votre site web dans la description de vos vidéos.

Étape 5 : Marketing internet à coût zéro

Soumettez votre site web à **dmoz.org**. Il s'agit d'un énorme répertoire ouvert auquel de nombreux petits moteurs de recherche accèdent pour obtenir des sites web pour leur base de données.

Comment atteindre gratuitement un milliard de personnes !

YouTube compte plus d'un milliard d'utilisateurs. Il se peut que vous ayez déjà une chaîne YouTube et que vous soyez doué pour réaliser des vidéos. Toutefois, si vous ne savez pas comment réaliser des vidéos et les télécharger sur YouTube, vous pouvez vous rendre sur un site web appelé .....

fiverr

https://www.fiverr.com/

https://goo.gl/R9x7NU

https://goo.gl/B7uF4L

https://goo.gl/YZ6VdS

https://goo.gl/RoPurV

Sur fiverr, vous pouvez faire créer une vidéo YouTube rapidement et facilement pour seulement 5,00 $.
(actuellement, des frais de service d'un dollar sont également prélevés).

Ainsi, pour moins d'un billet de cinéma, vous pouvez diffuser une publicité pour votre bien immobilier ou votre entreprise 24 heures sur 24 et 7 jours sur 7.

Une fois la vidéo téléchargée, vous devez savoir comment amener les gens à la visionner. C'est là que l'optimisation des moteurs de recherche SEO entre en jeu.

Comment atteindre gratuitement un milliard de personnes !

Faire en sorte que votre vidéo soit vue

YouTube lit toute interaction avec le spectateur avec votre vidéo comme un signe que votre vidéo est intéressante. Ainsi, un pouce levé ou un like augmentera le classement de votre vidéo.

Les commentaires des spectateurs peuvent améliorer le classement d'une vidéo dans les moteurs de recherche. Une astuce pour inciter un spectateur à laisser un commentaire est donc de dire "Je suis curieux de savoir ce que vous pensez de (insérer le sujet)". Une autre façon d'obtenir les commentaires des spectateurs est de créer une vidéo sur les lois sur le contrôle des armes à feu, les relations raciales, le droit à l'avortement ou tout autre sujet controversé.

YouTube peut envoyer une notification à tous vos abonnés chaque fois que vous chargez une vidéo. Ainsi, plus vous avez d'abonnés, plus votre vidéo a de chances d'être vue, et les vues permettent de mieux classer la vidéo dans les résultats de recherche de YouTube.

C'est en incitant les spectateurs à partager un lien vers leurs pages de médias sociaux que notre vidéo devient virale. Un contenu intéressant ou divertissant est la clé. Il n'est pas non plus inutile de demander à l'internaute de le faire.

Plutôt que de dire la même chose à chaque vidéo, vous pouvez créer une vidéo de clôture et la télécharger sur YouTube. Vous pouvez ensuite utiliser l'éditeur de YouTube pour l'ajouter à toutes les vidéos que vous téléchargez.

Comment atteindre gratuitement un milliard de personnes !

L'optimisation pour les moteurs de recherche (SEO) est le terme utilisé pour les techniques utilisées pour générer du trafic vers votre vidéo. De nombreuses personnes utilisent des tactiques contraires aux règles de YouTube pour attirer du trafic vers leurs vidéos. Ces tactiques sont appelées "Black Hat" (chapeau noir). Il existe de nombreux sites web où vous pouvez acheter des vues pour vos vidéos. Je vous conseille de rester à l'écart de toute tactique contraire à l'éthique. Obtenez vos vues de manière organique.

Vous pouvez démarrer votre vidéo avec un bon trafic, en l'envoyant sous forme de lien à toutes les personnes à qui vous envoyez régulièrement des courriels.

Outil de mots-clés de Google

Vous commencez votre référencement en utilisant l'outil de mots-clés de Google. Rendez-vous sur le site

https://adwords.google.com/KeywordPlanner

Une fois sur le site, vous tapez votre mot-clé racine ou votre phrase-clé. Google vous donnera alors environ 700 à 1200 résultats qu'il juge pertinents par rapport à votre mot-clé ou expression d'origine. La sélection des bons mots-clés pour votre vidéo est la clé du classement de vos vidéos.

Comment atteindre gratuitement un milliard de personnes !

Comment sélectionner vos mots-clés

Une fois que vous avez obtenu vos 700 résultats, vous pouvez les trier par pertinence. Vous aurez ainsi plus de chances d'être classé pour le mot-clé ou l'expression que vous avez saisi à l'origine.

Vous pouvez trier vos résultats en fonction de la concurrence. Vous pouvez choisir des mots-clés ou des expressions à faible concurrence pour augmenter vos chances d'être classé. Les mots-clés à faible concurrence font généralement l'objet de moins de recherches "par mois", mais une combinaison de plusieurs classements peut parfois s'avérer plus efficace que le classement d'un seul mot-clé.

Marketing par article

Ezine Articles est l'un des principaux sites de marketing par articles sur l'internet. Vous pouvez vous inscrire gratuitement à l'adresse http://ezinearticles.com/. Une fois que vous avez rejoint le site, vous pouvez y télécharger des articles en rapport avec votre vidéo YouTube. Ezine vous permet de placer un lien dans votre article. Ce lien peut renvoyer à votre trafic YouTube et augmenter considérablement le nombre de vues.

Lorsque vous rédigez votre article, vous devez essayer de le faire correspondre le plus possible à votre vidéo YouTube. Utilisez autant que possible les mêmes titres et descriptions. YouTube et Google aiment la pertinence.

Comment atteindre gratuitement un milliard de personnes !

Votre article doit compter entre 700 et 800 mots. C'est à peu près la taille que préfèrent de nombreux blogs. Une fois que votre article est téléchargé sur Ezine articles, il peut être repris par n'importe quel site web dans le monde. Un jour, un article sur le marketing de la photographie a été repris par près de 800 blogs dans le monde entier. Nombre d'entre eux ont laissé le lien placé dans l'article, ce qui a permis d'attirer des tonnes de trafic vers mes vidéos ou mon site web. Tous les blogs ne sont pas éthiques et nombre d'entre eux supprimeront votre lien, afin de maintenir le trafic sur leur site web. Beaucoup remplaceront également votre lien par le leur. Vous ne le saurez pas tant que vous n'aurez pas essayé.

Communiqués de presse

L'un des moyens les plus efficaces d'augmenter le trafic vers vos vidéos est de rédiger et de soumettre un communiqué de presse. Si vous n'avez jamais rédigé de communiqué de presse, ne soyez pas intimidé. Vous pouvez vous rendre sur un site web www.fiverr.com et faire rédiger un communiqué de presse pour seulement 5,00 $!

Si vous souhaitez rédiger vous-même le communiqué de presse, voici quelques conseils.

Le format de base est de 3 paragraphes sur une page, pour une publication immédiate. Sauf s'il s'agit d'une date comme un jour férié, auquel cas il est préférable de demander au rédacteur en chef de retarder la publication.

Comment atteindre gratuitement un milliard de personnes !

Le titre doit attirer l'attention. Si vous n'attirez pas l'attention du rédacteur, le reste du communiqué de presse ne sera pas lu. Consultez les sites web consacrés aux communiqués de presse et regardez les communiqués de presse qui ont été publiés et étudiez les titres et le format approprié.

Après avoir rédigé votre titre, vous écrivez trois paragraphes. Le premier paragraphe est un bref résumé du sujet de votre histoire. "Mais j'ai tellement de choses à raconter que je ne peux pas les résumer en un court paragraphe." La guerre révolutionnaire a donné lieu à une multitude d'histoires extraordinaires. Des films entiers de deux heures ont été réalisés à ce sujet. Voici une description en deux phrases de ces événements. Les futures colonies des États-Unis ont combattu les Britanniques. Les colonies ont gagné !

Le deuxième paragraphe décrit votre histoire. Gardez la forme d'un article d'actualité. N'essayez pas de vendre dans votre communiqué de presse. Les émissions de divertissement ont l'art de faire venir une célébrité, de faire une petite prise de vue, puis de terminer l'interview par une présentation ou une publicité pour leur produit ou leur cause...

Le troisième paragraphe est votre appel à l'action. "Pour plus d'informations sur la manière d'aider les victimes de l'épidémie de grippe aviaire, cliquez ici.
dipsy-doodle-itis appelez le 555-1212 ou cliquez sur ce lien".

La plupart des sites de communiqués de presse vous permettent de placer au moins un lien dans votre communiqué de presse.

Comment atteindre gratuitement un milliard de personnes !

Voici une liste des cinq meilleurs sites de communiqués de presse gratuits :

Les meilleurs sites de communiqués de presse gratuits

https://www.prlog.org

https://www.pr.com

https://www.pr-inside.com

https://www.newswire.com

https://www.OnlinePRNews.com

Comment atteindre gratuitement un milliard de personnes !

Sites web des médias sociaux

Lorsque vous téléchargez vos vidéos sur YouTube, vous devez commenter et aimer votre propre vidéo. Une fois que vous avez aimé votre propre vidéo, YouTube vous donne la possibilité de lier la vidéo à des sites de médias sociaux puissants. Vous devez donc vous inscrire sur ces sites avant de télécharger vos vidéos. Vous trouverez ci-dessous une liste de quelques sites de médias sociaux que vous devriez rejoindre. Lorsque vous liez vos vidéos à ces sites web, vous créez un lien retour vers un site web très bien noté, qui à son tour entre en ligne de compte dans l'algorithme de YouTube et de Google pour déterminer quelle vidéo est considérée comme pertinente et la plus populaire.

Sites web des médias sociaux

https://www.facebook.com

https://www.tumbler.com

https://www.pinterest.com

https://www.reddit.com

https://www.linkedin.com/

http://digg.com/

https://twitter.com

https://plus.google.com/

Comment atteindre gratuitement un milliard de personnes !

Enfin, l'une des méthodes de marketing les plus efficaces utilisées aujourd'hui est le "marketing de permission". Il s'agit d'obtenir d'un client potentiel qu'il vous donne son adresse électronique, et donc l'autorisation de le commercialiser.

Vous avez besoin d'une plateforme d'automatisation du marketing et d'un service de marketing par courriel. Ces entreprises stockent et envoient vos courriels.

Getresponse, MailChimp et Aweber sont quelques-unes des sociétés de répondeurs automatiques de stockage d'e-mails les plus populaires.

Pour constituer une liste d'adresses électroniques, vous devez généralement proposer un produit, un rapport ou un livre gratuit en échange de l'adresse électronique. Vous les envoyez ensuite sur une page web qui capture et stocke l'adresse électronique.

Chapitre 11
GUIDE DE RESSOURCES EN LIGNE SUR L'ÉLEVAGE DE CHIENS

Rolodex des ressources du commerce de gros sur le web

Au moment de la rédaction de ce livre, toutes les entreprises mentionnées ci-dessous ont un site web et sont actives. De temps à autre, des entreprises cessent leurs activités ou changent d'adresse Internet. C'est pourquoi, au lieu de vous donner une seule source, je vous propose un large choix.

Fournitures pour l'élevage de chiens

http://goo.gl/R9DDto

http://www.valleyvet.com/c/pet-supplies/dog-breeding-supplies.html

http://www.breederssupply.com/

http://www.atozvetsupply.com/Breeder-supplies-s/20.htm

https://www.exodusbreeders.com/

Organisations

http://www.adbadogs.com/p_home.asp

http://www.arba.org/

http://www.iwdba.org/

Liste complète des races de chiens reconnues

http://www.akc.org/dog-breeds/

Fournitures pour le dressage des chiens

http://www.dog-training.com/

http://www.roverpet.com/

http://www.dogsupplies.com/

http://www.petwholesaler.com/index.php

http://www.happytailsspa.com/

http://www.futurepet.com/

http://www.petmanufacturers.com/

http://www.k9bytesgifts.com/

http://www.kingwholesale.com/

http://www.upco.com/

LES PROGRAMMES DE CERTIFICATION

http://www.ccpdt.org/

https://apdt.com/join/certification/

Informations sur les chiens
www.rainbowridgekennels.com

TRANSPORTS
Camions/voitures d'occasion en ligne

http://gsaauctions.gov/gsaauctions/gsaauctions/

http://www.ebay.com/motors

http://www.uhaul.com/TruckSales/

http://www.usedtrucks.ryder.com/vehicle/VehicleSearch.aspx?VehicleTypeId=1&VehicleGroupId=3

http://www.penskeusedtrucks.com/truck-types/light-and-medium-duty/

Pièces détachées

http://www.truckchamp.com/

http://www.autopartswarehouse.com/

Vélos et motos

http://gsaauctions.gov/gsaauctions/aucindx/

http://www.bikesdirect.com/products/used-bikes/?gclid=CLCF0vaDm7kCFYtDMgodzW0AXQ

http://www.overstock.com/Sports-Toys/Cycling/450/cat.html

http://www.nashbar.com/bikes/TopCategories_10053_10052_-1

http://www.bti-usa.com/

http://evosales.com/

Ordinateurs/Matériel de bureau

http://www.wtsmedia.com/

http://www.laptopplaza.com/

http://www.outletpc.com/

Kits d'outils informatiques

http://www.dhgate.com/wholesale/computer+repair+tools.html

http://www.aliexpress.com/wholesale/wholesale-repair-computer-tool.html

http://wholesalecomputercables.com/Computer-Repair-Tool-Kit/M/B00006OXGZ.htm

http://www.amazon.com/Wholesale-Computer-Repair-Screwdriver-Insert/dp/B009KV1MM0

http://www.tigerdirect.com/applications/category/category_tlc.asp?CatId=47&name=Computer%20Tools

Pièces détachées pour ordinateurs

http://www.laptopuniverse.com/

http://www.sabcal.com/

autres

http://www.nearbyexpress.com/

http://www.commercialbargains.co

http://www.getpaid2workfromhome.com

http://www.boyerblog.com/success-tools

american merchandise liquidators

http://www.amlinc.com/

le club des fermetures

http://www.thecloseoutclub.com/

Ventes à prix réduit RJ

http://www.rjsks.com/

St louis wholesale

http://www.stlouiswholesale.com/

Commerce de gros de l'électronique

http://www.weisd.com/

ana wholesale

http://www.anawholesale.com/

bureau en gros

http://www.1-computerdesks.com/

1aaa marchandises en gros

http://www.1aaawholesalemerchandise.com/

big lots wholesale

http://www.biglotswholesale.com/

Plus de ressources pour les entreprises

1. http://www.sba.gov/content/starting-green-business

entreprises à domicile

2. http://www.sba.gov/content/home-based-business

3. entreprises en ligne

http://www.sba.gov/content/setting-online-business

4. travailleurs indépendants et entrepreneurs indépendants

http://www.sba.gov/content/self-employed-independent-contractors

5. entreprises appartenant à des minorités

http://www.sba.gov/content/minority-owned-businesses

6. entreprises appartenant à des vétérans

http://www.sba.gov/content/veteran-service-disabled-veteran-owned

7. entreprises détenues par des femmes

http://www.sba.gov/content/women-owned-businesses

8. les personnes handicapées

http://www.sba.gov/content/people-with-disabilities

9. jeunes entrepreneurs

http://www.sba.gov/content/young-entrepreneurs

Enfin, si vous avez aimé ce livre, prenez le temps de partager vos impressions et de poster une critique sur Amazon. Nous vous en sommes reconnaissants !

Merci beaucoup,

Brian Mahoney

Vous pourriez également être intéressé par :

Comment obtenir de l'argent pour la création d'une petite entreprise :
Comment obtenir de l'argent en masse grâce au crowdfunding, aux subventions et aux prêts gouvernementaux ?

Par Ramsey Colwell

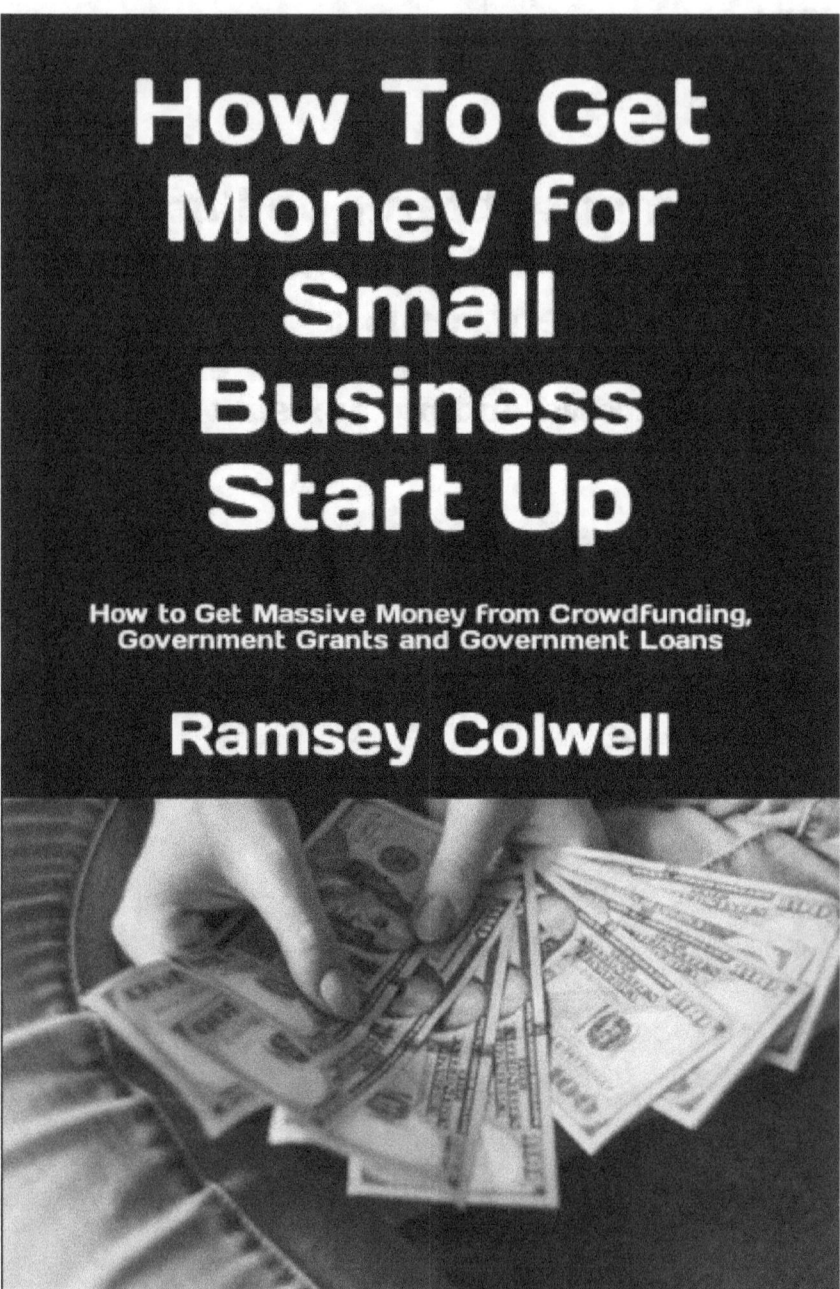

Par Ramsey Colwell

www.ingramcontent.com/pod-product-compliance
Lightning Source LLC
LaVergne TN
LVHW012027060526
838201LV00061B/4503